DE HAZENKLAGER

PAUL DEMETS BIJ DE BEZIGE BIJ

De bloedplek (gedichten, 2011)
De klaverknoop (gedichten, 2018)

PAUL DEMETS

De hazenklager

GEDICHTEN

2020
DE BEZIGE BIJ
AMSTERDAM

Voor H., F. en J.
En voor wie ik onderweg op het platteland ontmoette.

Copyright © 2020 Paul Demets
Eerste druk maart 2020
Tweede druk mei 2020
Omslagontwerp Nanja Toebak
Omslagfoto Anne De Meulemeester
Vormgeving binnenwerk Aard Bakker, Amsterdam
Druk Bariet Ten Brink, Meppel
ISBN 978 94 031 8230 8
NUR 306

debezigebij.nl

Bij de productie van dit boek is gebruikgemaakt van papier dat het keurmerk van de Forest Stewardship Council (FSC®) mag dragen. Bij dit papier is het zeker dat de productie niet tot bosvernietiging heeft geleid.

The things we want are transformative, and we don't know or only think we know what is on the other side of transformation.

– REBECCA SOLNIT

Apoptose

Witte vingers die opbloeien uit een vuist.
Kroop ik zo uit mist en mest? Lag ik te krioelen
in het vruchtbegin? Een wade, rimpelend
linnen. Ik vrat mij traag naar binnen.

LIMINALITEIT

Il faut voir comme chacun, à tout âge, dans les plus petites choses comme dans les plus grandes épreuves, se cherche un territoire.

– GILLES DELEUZE EN FÉLIX GUATTARI

1.

We tuurden in de verte op zoek naar iets
dat tussen de halmen tevoorschijn zou springen
en zagen niet wat er stuiptrekkend een halve cirkel

maakte aan onze voet. Dan voelden we deining,
oren die gingen neerliggen als handen.
De grond echode in zijn oog. Hij gaf zich niet,

maar trok samen. Zijn spieren zochten nog verbinding.
We groeven een kuil, voelden hooghartig zijn vacht.
Zijn oog maakte ons met de grond gelijk. Hoe kwamen

we uit dit kijken? In ons hielden aanrakingen,
speeksel, zweet zich op. We sprongen in het diepe
en maakten er geen woorden meer aan vuil.

2.

We begonnen er groot uit te zien. Dat was toch wat we
wensten? We vervelden in de zon. Met spuug maakten we
een streep. We namen de kleur aan van de omgeving

en koelden onze lust, kusten onze woede weg,
beloofden geen trouw. Iedereen zocht iedereen.
Blind waren we allen. We begonnen ons zo klein mogelijk

te maken en vonden elkaar alleen op de tast. We keken
weg. Op onze gezichten verschenen zwarte vlekken.
We dachten dat we groot waren in onze daden.

Zo woonden we elkaar uit. We hadden niet veel om het lijf.
We trapten kousen af en draaiden voor de waarheid
onze handen niet om. Wie nog iets droeg, won.

3.

Wie, vroegen we ons af, is hij die, gezicht tegen de muur,
tot honderd telde? Alle tijd voor wie achter hem stond.
Dan begon het zoeken. Hoog waren de hagen en diep

de stallen. Toen volgde het rennen. Wie te laat tikte, was af.
Hij bleef speuren. Alleen het kloppen voor de buut
op de muur kon ons verlossen als van een straf. Driemaal.

We hadden ogen en benen. Daar zat onze beweging
nog in opgespaard. Altijd was er iemand die nooit werd
gevonden. Ongezien groeide zijn verlangen naar de muur.

Alleen hij kon ons verlossen en bracht ons terug naar het begin.
Je bent van hier of niet, dat is de kwestie. Hij moest het
blijven: de zoeker altijd de zoeker in de volgende ronde.

4.

Hij die boswachter was, wees aan wie van ons op de gang
moest staan. Die was de menseneter. Voor dood lagen we
door elkaar op de grond. Hij gromde toen hij in de deuropening

verscheen. Onzeker waren we over wat komen zou
en bleven daar, verstomd. Hij liep van de een
naar de ander en probeerde ons weer in beweging te krijgen.

Zodra hij leven bespeurde, werden we zijn prooi. En stonden zelf op
als menseneter. We beten toe om niet gegeten te worden.
Eerst vertrokken onze monden. In onze ogen verscheen een ander licht.

We roken elkaars oksels. We kregen een harde kaaklijn.
Toen verloren we ons gezicht. Waar was de boswachter gebleven?
Niets dan menseneters vulden de kamer op het eind.

5.

Verbonden met de grond hoorden we te zijn. We kropen
op handen en knieën. Stilte verduisterde het lokaal.
Ergens lag een gebrande kurk. Vond je die, werd je boer

om de anderen als dieren te merken. Je tastte
of iemand zich schuilhield tussen de uitgestrooide
dingen. Je speurde en rook de kuddegeest.

Je zocht naar het beest dat het best bij je paste.
Je hoorde alleen zuchten, leidingwater in buizen zingen.
Dan ontbond zich de groep, maar bleef rond je draaien

als een tollend wiel. Hoe langer je hier bleef, hoe meer de plek
je brandmerkte. Geen huid gaf zich aan je bloot.
De rollen draaiden om toen de kurk uit je handen viel.

6.

'Witte zwanen, zwarte zwanen'. De poel was dichtgegroeid,
kruimelend krakend tussen het riet. Toen we naderden
hielden ze hun vleugels wijd als vingers. Hun snavels

fakkels die vlammen wierpen. Niemand dringt ongestraft binnen
in een leefgebied. 'Engeland is gesloten, de sleutel
is gebroken'. Iemand gebaarde. Pas laat begrepen we

dat hij samenspel bedoelde. Rijp bleekte de takken
tot knoken, de kou legde onze vingers lam. We stonden
als in een koelcontainer. Iedereen zong. Niemand die

onze schouders dwong. Onze armen vielen. Altijd
werd de laatste gevangen, al bewoog zijn hals als die van een zwaan,
trots en krom. Nergens nog iemand die de sleutel maken kon.

7.

De cirkel was van verse aarde. De kuil verdwenen.
We praatten eromheen. We vonden takken,
wreven onze handen, kwetsten elkaar en lieten stenen

ketsen. We wachtten op het donker en schreven
elkaar types toe. We raakten gehecht aan elkaar
omdat wonden waren geslagen. 'Tussen vuur en vlam

daar lag een gele kam. En de kam die zei: zet je tussen
jou en mij.' We gingen op in het onbesliste en renden
vergeefs om de lege plek binnen de cirkel te vullen.

We waren terug bij af en vonden verzengend vuur
het einde. Tohoewabohoe. De nacht opende zijn rookgordijn.
Nooit konden we uit wat aan ons voorafging verdwijnen.

Gerijpt in de grond volg ik het pad onder je voeten.
Ik graaf me binnen in je huid, zoek een bloedbaan
en nestel me in je longen. De kriebel als je spreekt.
De krop in je keel en de vloek, het kokhalzen, het bloeden.

ENCULTURATIE

Le moi est ce dans quoi le sujet ne peut se
reconnaître d'abord qu'en s'aliénant.

– JACQUES LACAN

1.

Hemel en engelen konden wachten. Ik zocht
naar een recept en zette dode dieren die ik
vond op sterk water. Ik kookte het vlees
van de beenderen los. Een ketting

van verhalen klonk me vast. Als je slaapt, ben je dan
op de plaatsen die je droomt? Dat vroeg ik haar,
maar ze was al weg. Ik bleef op de drempel. Later ging
haar slaapkamerdeur weer open. Vijf wolven zaten

in de notelaar mij aan te staren. Op de gang gooide ze
een laken met bloed. Ik zag haar billen, zo wit
en zo goed bewaard. Het sneeuwde op de kornoelje.
Iemand had het laken buiten gelegd.

2.

Een man in de mist toen hij sprak. Telkens bleven er
ruimtes. Hij hokte de woorden op, ze pikten
schielijk zijn handen. Ooit wou hij haar iets vragen,
maar storen liever niet, want ze was in gesprek.

Toen ze vroeg wat er scheelde, was hij het al vergeten.
De duiven hadden een krop in de keel en slaapgebrek.
De kerktoren, de huizen waren ingepakt. Zo konden ze
hun weg nooit vinden. Hij sloot de til. Zijn handen

zochten in de hokken naar vruchtbegin. In de zakken
van zijn kiel leek alles te passen. Zijn vingers kraakten
als glas. Iets stokte. Het hok viel stil. Op de radio het bericht
van de begeleiders. Ik wachtte op het einde van zijn zin.

3.

In de naam van de vader en de zoon. We zochten moeder.
Er was geen hond. We moesten nog een kerstboom halen.
Er sneeuw bij bestellen, want die was weg. In de stal
een donkere gedaante die onrustig rook aan het stro.

Zijn arm ging diep, tastte. Legde het gestrekt.
Ze ging door de knieën, kreunde, langgerekt.
Dan verscheen de blaas. Het water gutste dampend
op de grond. Hij knoopte en trok. Alleen het vlies zagen we.

De vorm erin. Hij verwijderde het slijm. Het niesde, lag even stil.
Wankel stond het te verslappen, als een tulp in een vaas. We riepen,
maar zij bleef zoek. Het werd schoongelikt. Het zocht de biest.
Voor ons glansde donkerrood de moederkoek.

4.

'De grond wordt heet. We kunnen hier niet lang meer staan.'
De kring sloot zich. Van oor tot oor fluisterden we
de zinnen. We hadden, dachten we, geen geheimen.
Vraagtekens waren uitgesproken. Onze oren gloeiden.

We zagen hoe langzaam in de familiekring de woorden
rondgingen en groeiden. Buiten op het veld hijgden raven.
Iedereen leek iets anders te zeggen. Mijn beurt kwam, merkte ik
aan de adem van mijn buur. Ik zou de zinnen hardop moeten herhalen.

Ik kreeg het warm en sprak. Ze keken als achter glas.
Niemand die me hoorde. Alles verschoof, verslapte.
De kamermuren leken om te vallen.
Mijn tong schroeide zich aan de woorden.

5.

Ik keek door het sleutelgat als naar een natuurtafereel.
Een ijsvogel zien is niets anders dan een vlek observeren
die in een ooghoek fladdert, zich samenbalt, had het prentenboek
me geleerd. Door haar in een oogwenk op de rug te bekijken,

dacht ik het groen dat ze door het raam zag te begrijpen.
Was het een godsoog dat ons beiden in de gaten hield?
Ik werd iemand doordat ik door haar werd bekeken.
Wat trok haar aan? Ze maakte zich klaar in het zwart.

Ik kon niet zien waarover haar hand gleed. Ze maakte
haar haren nat, kamde. En keek. Iets leek door de kamer
te vliegen en stolde. Tussen ons gaapte het sleutelgat.
Ze stond op de drempel, opvallend goed gekleed.

6.

Hij hield woord en het woord was hij. Alle kennis,
zei hij, komt uit de ervaring. Ik moest toekijken
naar mijn vaders vader. Aan de betonpaal
de haas die hij in het halfhoge gras

getroffen had. Zijn oren gevallen bladeren.
De poten in de lucht, alsof hij bad.
Zijn spieren membranen die nog leken na te trillen.
Zijn vacht een jas die snel werd opengeritst.

Uit de buik hing een paternoster, nat en bruin.
Hij trok de vacht recht naar beneden. Rond
de poten liet hij nog wat, kousen tot de kuit.
Het woord was vlees geworden. Ik werd
meer dier dan mens. En braakte het uit.

7.

Eerst het brood gebroken, dan het woord. Asfalt
blinkt anders als de zon het einde ziet. Hij zag
het naderen op de televisie. De laatste kilometer
oorlog. Hoe iemand tegen de afspraak in toch nog

probeerde weg te komen. Er werd geduwd, naar voren
gevochten. Getrokken aan een trui voor lucht,
meer lucht. Nog een keer zoog hij zijn longen vol
voor hij diep wegzonk in de zetel. Ik leek geen hand

te hebben in de zijne. De rook van zijn sigaret vulde
de kamer, doordrong zijn longen als yperiet. Hij drukte
zijn vingers in mijn palm alsof hij iets meedeelde in morse.
Zachtere, minder bestaande handen kende ik niet.

De verspreking. De vorm waarin je iets zegt.
Ik ben de smet van je vlees. Met vocht
voed ik je oedeem, het dier in gedachten.
Ik muteer in de woorden die ik je uit de mond neem.

ADAPTATIE

But how are we to act if the territory itself begins
to participate in history, to fight back in short,
to concern itself with us?

– BRUNO LATOUR

1.

Het landschap muilkorft. Ik had me, dacht ik,
al aangepast. In wat ik langs de bosrand vind,
woedt nog een gevecht. Ik tel botten, ruim de huid.

Ik tast het pad af dat anderen geëffend hebben.
Een valse wind waait door de straten. De bewoners
vechten met paraplu's en worden verder geblazen.

Ik wil me graag in hen verplaatsen. Er is een god vergeefs.
Hij staat vleesgeworden afgebeeld. Mijn huidschors,
mijn aarden hart, mijn vezelige longen: hier plant ik ze niet.

Dorp zonder gezicht, land dat ringeloort.
Men ziet me en vlucht als voor een vogelschrik.
Op het veld ben ik mijn stem verloren.

2.

Vind ik mijn stem terug als ik tegen de wind in spreek?
Het hekwerk belemmert mijn streken niet.
Ik heb mijn velden afgepist, maar mijn voet trapt

in mijn eigen val. De terreinwinst verkleint, terwijl
de kudde die verder graast mij uit het oog verliest,
ook als ik binnensmonds schreeuw

om maatregelen. Ben ik van hier,
van vader op zoon, aan deze grond gebonden?
In de bodem verspreidt zich de gier. In dit land

woekeren kevers en wormen. Ze winnen grond.
Ik heb er mij nog niet bij neergelegd.
Hier ben ik gehecht. Mijn keel is een dichte wonde.

3.

De angst die openhaalt. De huidzenuw bloot als ik
word aangesproken. Het scalpel van het weer.
Het water dat ver landinwaarts zal stromen.

De zon valt hier ongevraagd binnen en verbrandt
alles. De ochtend fijnmalen, het hout
klieven van dit gebinte. In de stal

scharrelen mijn dieren. De klieren onderhuids
maken de honger klaar. Niet alleen op zondag
ben ik door hem verketterd. Ik heb gevoeld,

het veld doorwoeld, de angst ontkend,
staalblauw. Als hij mij de hand reikt, is het
omdat hij haar niet thuis kan houden.

4.

Hij heeft grijpgrage handen. Bidt hij voor de aarde,
spuwt hij in zijn palmen voor hij de grond omspit?
Of zijn ze blank gebleven en passen ze daarom

bij zijn beate blik? Ik sta tegen de wind te leunen.
Hoe vaak het hier stormt. De berm vol brandnetels
verdooft mijn benen. Dit zien is een kringloop waarin ik

in het oog kijk waarvan ik moest geloven dat het mij
bekeek, zodat ik mijn angst zorgvuldig zou
bewaren. Ik betaalde voor zijn durfkapitaal. Nu blaast hij

warm en koud, denkt dat ik eet uit zijn hand.
De velden zijn witgewassen als geld en liggen te drogen.
Ik laat niets overwaaien. In zijn ogen strooi ik zand.

5.

Spreek ik? Ik vloek. Mijn stem is een roestige nagel.
De stilte schrikt. Ik polder mij in en voel het knagen.
Door een spleet van de deur zie ik zijn schaduw glippen.

De tijd knarst. Komt hij onder deze stenen kijken,
kent hij de gewoontes van een gewond dier?
Weet hij daardoor wie ik ben? Met zijn vingers

knipt hij. Een mes met twee heften waarmee hij
wat hier leeft al half heeft doodverklaard. Hij geeft
zijn zegen op papier en harkt zijn documenten bij elkaar.

Ik weiger hem te eren, gooi niets in het offerblok.
Hij kent alleen de optelsom, maar ik geef niets uit handen.
Liever nog houd ik een slachting in het hok.

6.

Hij ziet mij. Hier vloekt men niet. De god vergeefs
wordt graag aanbeden, zijn das strak
rond zijn dansende adamsappel als hij spreekt.

Kon ik hem knopen, zou hij zijn huid dan
duur verkopen, zwaaiend met assignaties,
aflaten zonder respijt? Zou ik dan vragen wat hij

in mijn schoenen, hem mijn tekort betaald zetten,
de wetten van de zwaartekracht tonen
in de jaarbalans? De dieren in de weegschaal

leggen, de oogst die onder zwarte zeilen droogt?
Mij losmaken uit het wurgcontract, mij witwassen,
mijn ritme aanpassen aan de dodendans?

7.

Waar zit de god vergeefs? Word ik beloerd,
bejaagd, ben ik gezien? Wordt de hond
tegen mij opgehitst, de maaidorser gestart

en rijdt die met gespreide armen op me af? Lokkend
houdt hij de gave in zijn handen. Dit is de zevende dag.
Hij telt het geld in de schaal. Het is tijd voor de offerande.

De niet aangepaste is de vastgeroeste is
de goedgelovige opnieuw aansluiting vindende
klem zittende de nooit snel genoeg draaiende

verwenste op het erf. Het landschap zint
op wraak. Het hek wordt gesloten.
Ik vervloek de god en zoek mijn plek.

Ik reis door je lichaam en groei door te vervellen.
Geen hart heb ik, geen longen. Ik ruim
planten en dieren op. Vloeiend spreek ik je.
Een bloem die zich voedt met je bloed.

ZOÖNOSE

C'est ce sujet qui nous intéresse non qu'il fait le discours mais qu'il est fait par le discours, et même fait comme un rat.

– JACQUES LACAN

1.

In je slaap los je langzaam op. Lekt er bloed uit je heup
of is dat de bloesem van de hibiscus op je jurk?

Hij vloeit door het openstaand raam binnen
uit het struikgewas. Droom je van een dier in de schuur

dat daar opgekruld zich in een ring van vacht heeft gegoten
en zo rond zichzelf zit dat het de klap niet voelt komen?

Je fronst, je mompelt, valt dan terug in je huid.
Je ziet hem uithalen met de schop. Heel je lichaam

balt zich samen voor de klap. Je duwt tegen de poort
die zich achter je sluit, je morrelt aan de grendel, schreeuwt

zonder stem, je trappelt ter plaatse. Je slaapt
en je benen, je armen voelen zwaar. Bloedt roffelt

in de emmer. Een trommelstok, het vel. Je krult je
en voelt de slagen, het stof. Je aorta wolkt op.

2.

Ik kijk naar je rug, de kano, het water. Hoe alles
beweegt. Een blauwe schijn hangt op je schouders.

Je lijkt hem met de spaan uit het water te halen.
Je blauw zuigt de oevers op. Hoor je hoe dichtbij

de dieren zijn, vraag je. Ze zuchten. Ze kauwen,
volgen onze slagen, herkauwen, grazen.

Nergens leggen we aan. We hebben alles meegenomen.
Hebben we bereik? Vangen we het wellen van de modder op

in de deining opgekropt, het geslurp tussen het riet? Ergens
valt een meteoriet, maar we willen het niet horen. De kano klieft

het landschap en neemt jou op en de dieren.
Af en toe vallen onze stemmen weg. Ik laat me varen.

Hoe knipt de kano de avond? Je verandert. Je rug lijkt
een zachte vacht, je staart zwaait als je roeit, maar slechts half.

3.

Wat je lichaam weet: je hand ligt anders dan je telefoon
op tafel. Ze kent je arm, je hoofd, je hals. Je hoeft haar nooit

te zoeken. Verwoord het dan, zeg je, en stulpt je lippen.
De tulpen in de vaas lijken van papier. Ze zuigen onverzadigbaar

het water. Celwanden staan op barsten. Dit is een kamer
zonder deur en ramen. Je naakte huid is nietsontziend.

Als ik je streel, weet mijn hand niet meer wanneer
terug te keren. Je geur in de mijne, langzaam gemorst.

Je lichaam ontvouwt zich, kent de vorm nog van je kleren.
Zit in de dauwdruppel je oog waaruit ik me niet

kan bevrijden? Met duizenden blikken ligt de weide
mij 's morgens aan te kijken. De kamer houdt ons

samen. De tulpen hebben dorst. In kooien
worden dieren gehouden die op dieren lijken.

4.

Je ruikt hoe ik elders was. Hoe ik in het gras lag,
mijn hoofd tussen zinnia's en papavers. Hoe in mijn vingers

de rook, in mijn hals de geur en in mijn lichaam het landschap.
Hoe het daar was, vraag je. De wereld, zeg ik, is.

Het gaat je om het afwezige. Het hangt, zeg je, in mijn jas.
Heb je iets te verbergen, als een dier?

Het is er altijd al, snuffelt aan het vertrouwde,
proeft of de aarde nog hetzelfde smaakt,

zoekt iets zachts om te eten en te slapen,
ook als je elders met een plek bent versmolten. Het kan

blijven staan als bevroren omdat het op de achtergrond
is verschenen, onzichtbaar, maar te ruiken of te horen.

Iets dat vernietigen kan, als ogen het licht.
Je blik is donker, een holte in de holte.

5.

Je tong raspt mijn vingers. Ik krom mijn handen tot een kom.
Je ruikt aan mijn lippen en weet waar ik was.

De kom barst als ik mijn handen open. Wat je me gaf,
vloeit weg, vult de kamer. Je laat de dingen op hun beloop

en ritselt. We zitten als in de kano
en wisselen van plaats in de zetel. Alles wankelt.

We weten niet hoe we uit het diep kunnen blijven.
Het raam zuigt de sneeuw op, verslikt zich

in de schaduw van de bomen. Dierlijk strek je
je benen. Je rode ketting bloedt boven mij

naar beneden, de schakels in de knoop,
het woeden van je bloedsomloop.

Ik verleg blokken, je ogen stoken op. Je klauwt
naar mijn handen om ze voor je in het vuur te steken.

6.

Wie ruikt me wie hoort me wie voelt me, vraag je.
De spiegel schrikt, want vannacht lag je dicht bij de aarde.

Hoe een veld van geuren zich openvouwde en steeds groter
werd. Je rook sporen die je anders nooit zou volgen. At rogge,

een vogel, beurs fruit. Het liefst liep je langs de muren
in de schemer. Je sprongen zaten in je, je moest alleen

je spieren volgen. Je redde je met huid en haar toen ze
met elkaar om je vochten. Klieren lokten je, zweet,

een druppel urine. Je wou een tocht door je lichaam beginnen,
maar je tastte af, rook voor je het aanraakte het gif,

de honger van de bloedcellen. Je bleef het gangenstelsel
in je hoofd verkennen. Geen enkele holte die niet uitgaf

op het dodenrijk. Wie ruikt je wie hoort je wie voelt je?
Je ziet jezelf staan, maar de spiegel geeft je ongelijk.

7.

Daar, wijs je, is de broedplaats van de vogels. Zwart
zijn ze, ze ruiken naar verkoold hout. Ze lijken

als roetvegen in de lucht getekend. Er wordt hier
aas doorgegeven, soms geschreeuwd. Langzaam

ga je op in de natuur, gevaarlijk gezelschap.
De velden verdampen. De vogels hijgen in de hitte.

Aan dorre takken horen we hen hun snavels slijpen.
Zien ze hoe je je traag voortbeweegt en zijn zij het

die je nu met hun kraalogen belagen, duizelt het je,
zie je overal zwarte vlekken in de lucht?

De velden zijn een vangkooi geworden, een holte
waarin je vlucht. De wonde gapend onder hun bekken.

Het knaagt dat je opgaat in mijn woorden. Ik zit me
te verbijten dat ik je niet eerder hoorde.

De holte zijn, in wat je zegt het verzwegene.
De huid die ik achterlaat. De herhaling van wie ik was:
wit als melkglas, een vinger die, opgeheven in het licht
en vol leven, afgesneden wordt door de schemer.

DIFFUSIE

Il suffit d'avoir vu, dans l'épidemie récente, un lapin aveugle au milieu d'une route, érigeant vers le soleil couchant le vide de sa vision changée en regard: il est humain jusqu'au tragique.

– JACQUES LACAN

1.

Ik volg je natuur op het terrein waar planten
in zichzelf bewegen. Weegbree, duizendblad,
klaver. Ik zie je opgaan in sapstroom en worteling,

woekerend op een afgegraasd veld vergeefs
ontluiken. Je schouders bijna onzichtbaar op en neer.
Je lippen vochtig. Ik hoor de planten ademen.

Alles in een koffer fabrieksschoorstenen
lekkende kerncentrales stikstof
roest slachtafval gedeukte auto's

glanzend op het wegdek na de regen.
Die koffer over de velden slepen tot hij
gewichtloos wordt. Als ik omkijk, staat alles

op zijn plaats. Ik neem het pad terug, zie je
hurken. Iets vloeit uit je weg. In een verlaten tuin
een boom met takken die buigen onder overrijpe

abrikozen. Je gezicht verwringt, werpt vrucht af.

2.

Vrucht. Een kind dat dwaalt. Over de velden
hangt een vlies, dooraderd grijs, half gebroken. In het gras
afdrukken van dieren. De kou vloeit van jouw handen

over in de mijne. We proberen de vertakkingen
te volgen van onze ledematen. Je zoekt loofbos, zandrug,
rivierarm, je poldert je in. Tussen dood hout vlamt

de vuursalamander op in het halfduister. Je ziet hoe hij
onder haar doorkruipt alsof hij haar wil dragen.
Vruchteloos ligt het landschap open. Dit pad volgden we.

Het komt achterop, maar is nooit meer hetzelfde. Het
houdt zich in, krimpt. De specht roffelt geen hart dat klopt.
We gaan zitten als in een terrarium, door dieren bekeken.

Om ons heen trekt de nevel zijn gordijnen op.
Je duwt mijn hand weg uit je schoot. Er vallen noten
op de grond. Hoe ik ook kraak, ze blijven gesloten.

3.

Schedeltjes zijn het, zeg je, en je wrijft de noten schoon.
Ik zie ze in je jaszak verdwijnen. Je gezicht licht op
en maakt je meer aanwezig. Je toont hoe hoog

de boom werd ontschorst. Er zijn redenen om thuis
te komen en daar niet te kunnen blijven. Het veld
is een huis waarvan de ramen openwaaien. We kiezen

het hazenpad, kennen de houtkanten die de akkers
in kamers verdelen. We zoeken een plaats midden
in het veld en wachten op de schemer. In onze tas

wordt de locatie bepaald en de weg aangegeven.
Maar we leven plaatsgebonden. Er vallen noten uit je jas.
We blijven blind voor wat we hebben gevonden.

In de verte weerklinkt de kreet van de hazenklager.
Kwesties blijven op de vlakte. Dat het zoekt
wie we zijn. Wie de prooi is, wie de jager.

4.

Zocht het ons? Heeft het een ziel, vraag je.
Ligt die daar dan, de ogen wijd, verbaasd, aangebeten?
De vacht warmt zich nog onder je handen.

Je droomde, zeg je, over hoe het een fluittoon
hoorde. Het spitste de oren.
Het had iets dierlijks zoals het daar lag.

Een schim dook op, roodbruin, haar gevlochten
in een staart. Zijn ogen hadden de onschuld
van een kinderlokker. Hoe geduldig hij wachtte,

als versteend voor hij verstijfde; de jager geveld
door de hazenklager. De lucht krijgt blauwzucht.
De natuur, zeg je, wordt de wereld uitgeholpen.

Je voelt aan de vacht, de wonde. Op je haar sneeuwt het
wit. Zo besterft december: drie hazen dansend
aan een koord, hun oren in dit blauwe uur verbonden.

5.

December en de hazen dansen.
Met hun buiken wit en de zwarte tippen
van hun oren: zwanen zoals ze

achter elkaar drijven in het open veld.
Ze rusten en foerageren. Ze klauwen
naar elkaar. Hun oren voorover:

gestrekte veren. Ze duwen, bijten,
dansen met geweld. Zij kiest. Ze snuiven,
likken. Vruchteloos, uitgeteld.

Hij breekt door een vlies, zij
vaart uit, strijkt dan haar veren.
Ze keren zich om, verliezen zich

in de ochtendzon. De hazen
dansen in december. Ze dansen al
van voor het vergaan begon.

6.

Huid, beweeg als hazen in december.
Je hindert me niet, al ben je mijn buitengrens.
Blind tast ik naar wie mij verwenst.

Samen liggen we te glanzen. Als ik je indruk,
veer je terug, alsof je je verweren moet. Je hebt
lippen, huid, die mij van de wonde doen proeven.

Handen heb je, een kom rondom ons, een schaal
waarop we de kamer wegen. Je bent een vreemde,
huid, tegen de huid van een vreemde. En slapen we,

dan ruisen onze aders toch verder samen.
Ontwaak ik, heb ik bloed in mijn vingers,
kloppen de aders onder je, huid, voel ik het vlies,

hoor ik onderwatergeluid. Ik kijk naar een rug die mij alles
zwijgend vertelt. Huid, je hindert me niet.
Als ik een hand voel, ben je in een vreemde verveld.

7.

Hand, laat mij niet los.
Blad dat afhangt van zijn tak
en buigt onder gewicht. Nerven

vol pigment. De tijd morst op het oppervlak.
Veeg de nog natte haren uit mijn gezicht
en bedek mij met schaamte.

Zo vaak bewoog je in de wind. Schaduw
mijn voorhoofd als ik in de zon kijk, blind,
en mijn donkerte zich langzaam oplost

als je naar haar reikt. Vorm die afhangt
van een vorm. Niets zijn, hand van mij,
dan bladstilte in een bos. De ingehouden

schreeuw van de boom voor hij ontworteld
wordt. Nauwelijks geluid van het wuiven.
Hand van mij, laat mij niet los.

Je huidplooien, daar hou ik van. Ik ontrafel de dingen, voorvoel, doorleef je weefsel. Als iemand naar ons uithaalt met een spade, kruipen we elk in een richting, gesplitst. Man, vrouw. Wat voorligt, is hitsig. Krioelt.

MUTATIE

We are facing an existential crisis.

– GRETA THUNBERG

1.

Het verbranden van loof op de akker,
het traag optrekken van de rook
als had de lucht moeite met inhaleren.

En jij kwam je lichaam niet uit.

Je keek, maar de spiegel was beslagen.
Zijn de dieren op hun hoede,
katten die, wanneer iets hen doet opschrikken,

in hun slaap de oren spitsen?
Je lag uren op de bank en zag op het scherm
ijsschotsen loom worden en drijven.

Was je daarvoor aan het bloeden?

2.

Bloed je nog? En vertrouw je dat aan iemand toe?

Je voert gesprekken met jezelf in de kamer
waarin je moeders hoge stem blijft hangen.
Je zit op haar te broeden in die kooi.

Je vader acteert dat hij je vader is. Je kent
je rol en verzwijgt die. Je verkijkt je.
De akkers worden in de breedte geploegd,

uitgerekt als orgelpartituren. Je vriendinnen
bespelen je in het schoolrestaurant.
Bestaat er muziek voor het slachthuis?

Je slikt. Je handen zijn nog thuis.

3.

Slik je iets door? Of zit je terug in de stilte
van toen alleen het tikken van je nagels
op tafel je dag ritmeerde? Heerste daar

het misverstand en wou je het weg?
Begon het bloeden toen je kerfde laag in je lies
en werd je bang voor de rust die dan

neerdaalde? Haal je daarom ongezien
weer uit? Je woede is het bloeden
van de zeeën en de aardlagen.

Je kunt het alleen niet stelpen.

Je raapt wat zand op voor je wonde.

4.

Heb je zand in je hand of verberg je stenen?

Vind je een gat in de groep
en roep je daarom leuzen? Je ziet jezelf
en weet dat we niet op weg zijn

naar een feest. Er woedden vele bosbranden.
En nu de overdadige regen, de plassen
waarin ondiep je gezicht verdwijnt

omdat verlies niet alleen in gezichten dringt.
Je hoopt op eensgezindheid van de bomen,
hun jaarringen, van hun ruisen de samenspraak.

5.

November kamt de bomen.

Vang jij hun wind? Beeld je je in hoe
het vee uit de weiden ontsnapt en rustig
tussen de graven staat te grazen,

trappend op wat verging?
Je bent niet mak, niet tam.
Zo verschijn je achter het raam.

Je keert naar huis terug, naar je huid.
In je gezicht laait de woede op,
in je handen snijdt de kou kloven.

Ons huis staat in brand en we willen het niet geloven.

6.

Hoe diep is de kloof? Snijden, ongezien.

Jagend op de jagers. Op de rand dansend
stampvoetend tegen de kap alles zien
bloeden. Weten hoe hun wortels

voelen en hoe het er, bijl in de aanslag,
wordt ingeramd. Hoe ze worden aangerand.
De zaagtanden malen. Je neemt speeksel,

volgt een insect dat opvloog. Is dit het rood
waar het stak of heb je het zelf aangebracht?
Er ligt een mes. Zie je meer dan wij? De lucht

is onzuiver. Er grijpen handen in je zij.

7.

Duizenden handen gaan op, een zwerm.
Men wil grote bewegingen verhinderen.
Dan blijven we met zijn allen staan.

Verkleurt dit gebied, verdroogt het
zienderogen? Het jachtseizoen is
open. Er zijn mensen die zich ergens

over buigen. Er zijn rapporten, documenten
die snel vergelen. Uit een stapel kruipt
een insect. Je gespreide vingers

een rooster waardoor het weg kan vliegen.
Maar het blijft. Wat moet het doen?
Het past en zit gevangen.

Over de handschoen kan de hand niet liegen.

*Je braakt me uit, slikt me weer in. In je lichaam begin ik
op te leven, onverbloemd. Ik help je over een drempel
die je niet ziet. Ik ben koudbloedig, graaf als
een scalpel. Ben ik? Alleen als iemand me noemt.*

DEGENERATIE

Tout homme est un animal,
sauf à ce qu'il se n'homme.

– JACQUES LACAN

Can we face Gaia yet? No.

– BRUNO LATOUR

1.

Alles valt hier in slechte aarde. Je grote
zonen houden in de verte ruggespraak.
Zie je de rand die blauwzuchtig

groeit als de zon opklimt? Ze staren
zich blind achter hun glazen, liggen elkaars
schouderlijn te vergelijken, ze kronkelen,

hebben gebleekte voeten. Op het meer groeien de algen.
Het ozon verdooft. Iemand gaat om een ijsje
en een ligbed vragen. Haar tong glijdt

langzaam over haar lippen. Het meer droogt op. Dieren
aan het strand: de zon verstoft hun huid.
Ze liggen, wrijven elkaar, likken zich schoon.

Ze nemen elkaar mee in de entropie.
Speur je dan later naar hun afdruk
en wat ze verder nog achterlieten? Volg je hen als

ze de toren beklimmen, tel je hoeveel hun nog rest?
Ze duiken. Geef je hun dan een plaats in de val,
teruggekeerd naar je bevuilde nest?

2.

De dag krimpt en rilt in je moederschoot.
Zo lig je in de holte onder de lamp.
Groeit dan de kamer, lig je liever

naar je adem te luisteren en te ruiken aan je
kleren, tussen het huisraad verzonken?
Geef je je bloot onder de deken,

is je loomheid een manier om
slaapdronken je vingers hun werk te laten doen?
Je bent door hem aangegrepen.

Je droomt je een staat van permafrost,
hoe je lichaam smelt, in het water
gestreeld wordt, gelikt, genomen.

Kan je nooit van hier zijn, van hem,
denk je dan aan de bocht van de rivier?
Zocht hij een scheur en is hoe je daar bent

achtergelaten opwellend slib? Vocht je terug?
Zocht je hem toch op? Hoe voelt monddood,
proef je bloed, zit er een kloof in je lippen?

Voor de deur grijnst een varkenskop.

3.

Grijpt hij je vast, kots je van hem? Wat kreeg je te slikken?
Krijg je een kleur en voel je dan hoe vol je in zijn hand
ligt, knijpt hij je murw, klauwen in een arm?

Duld je dat of springt je huid snel terug
in haar vorm? Houdt hij een mes klaar en besluit
hij dan om niet te snijden? Houdt hij je liever

warm en hemelt hij je op als je hem schaduwt
en hem bekijkt, vol in het licht? Ben je bevuild
en lig je dan samen voor dood, moeder,

zwetend? Of bewaart hij je liever koel
gerijpt? Wil hij overblijven
met steen, bitter, houtachtig en proeft hij

daarom nippend, bijtend, slurpend
zo graag het witte vlees eromheen?
Hoe hij slikt. Ontdoet hij je, omdat je glanst

en je aardekleurige huid naar hem ligt te kijken, ruw
van je schil? Of heb je hem toch in de hand? Proef je
hoe hij weet dat je zijn honger niet wil stillen?

4.

De mist heeft ademnood. Je bent er voor hem
om je uit te putten tot de bodem.
Merk je hoe in zijn ogen het donker,

in je oren de geluiden? Hoe in je huid het slaan,
in het strelen de hand, in die hand
op je dij hij zich heeft ingeprent? Alles kreeg je

in je schoot geworpen. Maar je bent verdoofd, geopend.
Een gapende wonde. Hij heeft je langzaam leeggeroofd.
Alles om je heen begint te verschuiven: verbrand gras,

weggespoelde akkers, ontbladerde bossen, tot ze in een bloedwaas
voor je ogen verdwijnen. Zit het geslagen worden
in het dragen en wil je je daarom losmaken

in het rennen, met gestrekte nek snuivend
je neusvleugels door je snelheid alles wat voorbijglijdt
doen vertragen? Wil je hem zelf naar buiten leiden,

hem opzadelen met wat hij van je vraagt? Je doet
hem wankelen. Wat werp je dan van je af:
hem, zijn zweet, je huid, je spieren, je straf?

5.

Zit hij dicht op je huid, woont hij je uit,
verlies je bloed? Geef je niet thuis,
slijp je ijzer in je schoot? Je kijkt

in de vlam, maar ontbrandt net niet.
Drukt hij hard met zijn duimen? Hoe diep
zit het geweld dat hij in je wakker riep?

Hij blaft je af. Door de hitte zoeken de dieren
een andere habitat. Zit je je dan af te vragen waarom
hij jou alleen gedoogt als iemand van een onzuiver ras?

Mag je hoogstens wandelen van de brievenbus
naar de deur, gaan zitten op je vaste plek,
hinken, afhankelijk en mistroostig kijken?

Hij is op jou gebrand. Is je boodschap vals
als je je geur aanbrengt op wangen omdat de nood
hoog is en je sporen van bewoning hebt gemerkt?

Kan je dan alleen nog maar naar buiten in het donker
en moet je de hele dag over jezelf waken om geen
slapende honden wakker te maken?

6.

Barsten je lippen, houden je wangen de kou vast?
En ben je op het ijs zo zwaar dat je dreigt te zinken
zoals je je voorover buigt en je uitrekt, zonder houvast

je been bijhaalt over de al traag kruiende spiegel?
En is het je stem die in luchtbellen opklinkt uit het oppervlak,
of de tegenstem van het donker, zijn stem die je lokt

naar de modder, tussen de weerborstels van het riet?
Het afval zinkt niet. Is het gezicht dat je onder je ziet
het gezicht dat je trok toen je voor het eerst het licht zag

en je je adem nog inhield, dan hoestte, knipperde,
je ogen priemend door rimpelend was?
En wil je daar nu weer naartoe, word je daarom

dat draaien, het cirkels schrijven als rond
een navel in de vrieskou niet moe? Wil je als
gevallen door glas weer ongeschonden zijn

en niet gebroken, maar één met het ijs
hier opgedoken onder een oranjerode
ochtendzon overeind blijven op deze bloedplas?

7.

Klim je dan voor het laatst en bedenk je daar hoog
hoe wezenlijk het perspectief is oprijzend je geslacht
een open mond uit de grond steenvrucht dieren

alle gedaantes die je ooit hebt aangenomen
om aan hem te ontkomen? Het gaapt. Hoe voelen
de stam, de takken, waarom duwen ze je terug

als je op zoek gaat naar hun steun?
Houd je je dan even stil tot het scheurt
en de grond davert, rekt de tijd zich

in al je vezels en het opveren, als wil
iets in zijn kracht terugkeren
uit de val? Schroeit het je hand,

breekt het je arm als je in de gewenste
richting kantelt? Spendeer je de tijd met het dode,
ruik je de verrotting, de vermolming,

het mos? Heeft onderhuids de letterzetter
zijn werk al gedaan en je naam naar de natuur
getatoeëerd? Laat daarom je val ons nooit los?

Envoi

Ik zal je dichtnaaien, moeder. Hoe je erbij ligt.
Je gebroken gezicht heeft alle vragen
opgezogen. Je krijgt alleen nog bloed
over je lippen.

We woekeren.
Wij allen zijn je loeder.

VERANTWOORDING

Een 'hazenklager' is een klein blaasinstrument dat door jagers gebruikt wordt om vossen te lokken. Het maakt het geluid van een gewonde haas.

'Apoptose' is het proces van geprogrammeerde celdood.

De cyclus 'Liminaliteit' bevat verwijzingen naar kinderspelletjes en kinderliedjes, zoals 'Witte zwanen, zwarte zwanen' en 'Tussen vuur en vlam'. 'Tohoewabohoe' is Hebreeuws voor 'woest en ledig'. Liminaliteit is een overgangsfase die een individu toegang verleent tot een positie in de samenleving.

'Enculturatie' is het proces waarbij culturele kenmerken worden overgedragen van een samenleving of sociale omgeving naar een individu.

De cyclus 'Adaptatie' verwijst naar de landbouwers die enerzijds door wurgcontracten, hun opgelegd door de banken en door veevoederfabrikanten, en anderzijds door de noodzakelijke klimaatmaatregelen, dubbel in de problemen komen.

'Zoönose' is een infectieziekte die van dieren op mensen kan worden overgedragen.

De drie dansende hazen, met hun oren verbonden, die opduiken in de cyclus 'Diffusie', vormen traditioneel een vruchtbaarheidssymbool.

Diffusie is het proces van geografische verbreiding van cultuurelementen.

Het gedicht 'Huid, beweeg' is een bewerking van het gedicht 'Incarnaat', dat ik schreef voor het programma Poesia Divina van het Festival van Vlaanderen in Herentals in september 2019.

Het gedicht 'Hand, laat mij niet los' in dezelfde cyclus schreef ik als plattelandsdichter voor vzw Waerbeke in Waarbeke (Geraardsbergen), midden in een stiltegebied gelegen. Het droeg de titel 'Bladstilte' en werd gepubliceerd op de website www.plattelandsdichter.be. vzw Waerbeke koestert en bevordert de beleving van stilte, rust en ruimte in Vlaanderen en Brussel. Ook dit gedicht heb ik licht bewerkt.

Voor de cyclus 'Mutatie' heb ik me gebaseerd op uitspraken van de jonge Zweedse milieuactiviste Greta Thunberg, op het boek *Ons huis staat in brand* (De Bezige Bij, 2019) dat ze samen met haar moeder publiceerde, en op berichten en geruchten over haar.

De Griekse moedergodin Gaia, de verpersoonlijking van onze bedreigde aarde, voelde de noodzaak om in opstand te komen tegen haar man Ouranos. Ze liet in haar schoot ijzer ontstaan, maakte daaruit een scherpe zeis en gaf deze aan haar zoon Kronos. Daarmee verminkte hij zijn vader Ouranos en nam de heerschappij van hem over.

Het gedicht 'Barsten je lippen' in de cyclus 'Degeneratie' publiceerde ik eerst onder de titel 'IJsmeester' in een iets andere versie op www.plattelandsdichter.be.

De letterzetter is een schorskever die verzwakte fijnsparren dodelijk aantast. Momenteel kent hij een sterke opmars doordat de voorjaars- en zomerdroogte de fijnsparren verzwakken.

Van 2016 tot en met 2019 was ik de plattelandsdichter van de Provincie Oost-Vlaanderen.

INHOUD

Apoptose   6

LIMINALITEIT
    We tuurden in de verte op zoek naar iets   9
    We begonnen er groot uit te zien   10
    Wie, vroegen we ons af, is hij   11
    Hij die boswachter was   12
    Verbonden met de grond   13
    'Witte zwanen, zwarte zwanen'   14
    De cirkel was van verse aarde   15

Gerijpt in de grond volg ik het pad onder je voeten   16

ENCULTURATIE
    Hemel en engelen konden wachten   19
    Een man in de mist toen hij sprak   20
    In de naam van de vader en de zoon   21
    De grond wordt heet   22
    Ik keek door het sleutelgat   23
    Hij hield woord   24
    Eerst het brood gebroken   25

De verspreking   26

ADAPTATIE

Het landschap muilkorft	29
Vind ik mijn stem terug	30
De angst die openhaalt	31
Hij heeft grijpgrage handen	32
Spreek ik?	33
Hij ziet mij	34
Waar zit de god vergeefs?	35

Ik reis door je lichaam   36

ZOÖNOSE

In je slaap los je langzaam op	39
Ik kijk naar je rug	40
Wat je lichaam weet	41
Je ruikt hoe ik elders was	42
Je tong raspt mijn vingers	43
Wie ruikt me	44
Daar, wijs je	45

De holte zijn   46

DIFFUSIE

Ik volg je natuur	49
Vrucht	50
Schedeltjes zijn het	51
Zocht het ons?	52
December en de hazen dansen	53
Huid, beweeg	54
Hand, laat mij niet los	55

Je huidplooien   56

MUTATIE

Het verbranden van loof	59
Bloed je nog?	60
Slik je iets door?	61
Heb je zand in je hand	62
November kamt de bomen	63
Hoe diep is de kloof?	64
Duizenden handen gaan op	65

Je braakt me uit   66

DEGENERATIE

Alles valt hier	69
De dag krimpt	70
Grijpt hij je vast	71
De mist heeft ademnood	72
Zit hij dicht op je huid	73
Barsten je lippen	74
Klim je dan	75

Envoi   76

Verantwoording   79